# El Principito

Antoine de Saint- Exupèry

El Principito

A. De Saint - Exupéry

A LeonWerth:

Pido perdón a los niños por haber dedicado este libro a una persona mayor. Tengo una seria excusa: esta persona mayor es el mejor amigo que tengo en el mundo. Tengo otra excusa: esta persona mayor es capaz de entenderlo todo, hasta los libros para niños. Tengo una tercera excusa: esta persona mayor vive en Francia, donde pasa hambre y frío. Verdaderamente necesita consuelo. Si todas esas excusas no bastasen, bien puedo dedicar este libro al niño que una vez fue esta persona mayor. Todos los mayores han sido primero niños. (Pero pocos lo recuerdan). Corrijo, pues, mi dedicatoria:

A LeonWerth

Cuando era niño.

# I

Cuando yo tenía seis años vi en un libro sobre la selva virgen que se titulaba "Historias vividas", una magnífica lámina. Representaba una serpiente boa que se tragaba a una fiera.

En el libro se afirmaba: "La serpiente boa se traga su presa entera, sin masticarla. Luego ya no puede moverse y duerme durante los seis meses que dura su digestión".

Reflexioné mucho en ese momento sobre las aventuras de la jungla y a mi vez logré trazar con un lápiz de colores mi primer dibujo. Mi dibujo número 1 era de esta manera

Enseñé mi obra de arte a las personas mayores y les pregunté si mi dibujo les daba miedo.

— ¿por qué habría de asustar un sombrero? — me respondieron.

Mi dibujo no representaba un sombrero. Representaba una serpiente boa que digiere un elefante. Dibujé entonces el interior de la serpiente boa a fin de que las personas mayores pudieran comprender. Siempre estas personas tienen necesidad de explicaciones. Mi dibujo número 2 era así:

Las personas mayores me aconsejaron abandonar el dibujo de serpientes boas, ya fueran abiertas o cerradas, y poner más interés en la geografía, la historia, el cálculo y la gramática. De esta manera a la edad de seis años abandoné una magnífica carrera de pintor. Había quedado desilusionado por el fracaso de mis dibujos número 1 y número 2.

Las personas mayores nunca pueden comprender algo por sí solas y es muy aburrido para los niños tener que darles una y otra vez explicaciones.

Tuve, pues, que elegir otro oficio y aprendía pilotear aviones. He volado un poco por todo el mundo y la geografía, en efecto, me ha servido de mucho; al primer vistazo podía distinguir perfectamente la China de Arizona. Esto es muy útil, sobre todo si se pierde uno durante la noche.

A lo largo de mi vida he tenido multitud de contactos con multitud de gente seria. Viví mucho con personas mayores y las he conocido muy de cerca; pero esto no ha mejorado demasiado mi opinión sobre ellas.

Cuando me he encontrado con alguien que me parecía un poco lúcido, lo he sometido a la experiencia de mi dibujo número 1 que he conservado siempre. Quería saber si verdaderamente era un ser comprensivo. E invariablemente me contestaban siempre: "Es un sombrero". Me abstenía de hablarles de la serpiente boa, de la selva virgen y de las estrellas. Poniéndome a su altura, les hablaba del bridge, del golf, de política y de corbatas. Y mi interlocutor se quedaba muy contento de conocer a un hombre tan razonable.

## II

Viví así, solo, nadie con quien poder hablar verdaderamente, hasta cuando hace seis años tuve una avería en el desierto de Sahara. Algo se había estropeado en el motor. Como no llevaba conmigo ni mecánico ni pasajero alguno, me dispuse a realizar, yo solo, una reparación difícil. Era para mí una cuestión de vida o muerte, pues apenas tenía agua de beber para ocho días.

La primera noche me dormí sobre la arena, a unas mil millas de distancia del lugar habitado más próximo. Estaba más aislado que un náufrago en una balsa en medio del océano. Imagínense, pues, mi sorpresa cuando al amanecer me despertó una extraña vocecita que decía:

— ¡Por favor... píntame un cordero!

— ¿Eh?

— ¡Píntame un cordero!

Me puse en pie de un salto como herido por el rayo. Me froté los ojos. Miré a mi alrededor. Vi a un extraordinario muchachito que me miraba gravemente. Ahí tienen el mejor retrato que más tarde logré hacer de él, aunque mi dibujo, ciertamente es menos encantador que el modelo. Pero no es mía la culpa. Las personas mayores me desanimaron de mi carrera de pintor a la edad de seis años y no había aprendido a dibujar otra cosa que boas cerradas y boas abiertas.

Ahí tienen el mejor retrato que más tarde
logré hacer de él

Miré, pues, aquella aparición con los ojos redondos de admiración. No hay que olvidar que me encontraba a unas mil millas de distancia del lugar habitado más próximo. Y ahora bien, el muchachito no me parecía ni perdido, ni muerto de cansancio, de hambre, de sed o de miedo. No tenía en absoluto la apariencia de un niño perdido en el desierto, a mil millas de distancia del lugar habitado más próximo. Cuando logré, por fin, articular palabra, le dije:

— Pero… ¿qué haces tú por aquí?

Y él respondió entonces, suavemente, como algo muy importante:

—¡Por favor… píntame un cordero!

Cuando el misterio es demasiado impresionante, es imposible desobedecer. Por absurdo que aquello me pareciera, a mil millas de distancia de todo lugar habitado y en peligro de muerte, saqué de mi bolsillo una hoja de papel y una pluma fuente. Recordé que yo había estudiado especialmente geografía, historia, cálculo y gramática y le dije al muchachito (ya un poco malhumorado), que no sabía dibujar.

—¡No importa —me respondió—, píntame un cordero!

Como nunca había dibujado un cordero, rehíce para él uno de los dos únicos dibujos que yo era capaz de realizar: el de la serpiente boa cerrada. Y quedé estupefacto cuando oí decir al hombrecito:

— ¡No, no! Yo no quiero un elefante en una serpiente. La serpiente es muy peligrosa y el elefante ocupa mucho sitio. En mi tierra es todo muy pequeño. Necesito un cordero. Píntame un cordero.

Dibujé un cordero. Lo miró atentamente y dijo:

—¡No! Este está ya muy enfermo. Haz otro. Volví a dibujar.

Mi amigo sonrió dulcemente, con indulgencia.

—¿Ves? Esto no es un cordero, es un carnero. Tiene Cuernos… Rehíce nuevamente mi dibujo: fue rechazado igual que los anteriores.

—Este es demasiado viejo. Quiero un cordero que viva mucho tiempo.

Falto ya de paciencia y deseoso de comenzar a desmontar el motor, garrapateé rápidamente este dibujo, se lo enseñé, y le agregué:

—Esta es la caja. El cordero que quieres está adentro. Con gran sorpresa mía el rostro de mi joven juez se iluminó:

—¡Así es como yo lo quería! ¿Crees que sea necesario mucha hierba para este cordero?

—¿Por qué?

—Porque en mi tierra es todo tan pequeño… Se inclinó hacia el dibujo y exclamó:

—¡Bueno, no tan pequeño…! Está dormido… Y así fue como conocí al principito.

## III

Me costó mucho tiempo comprender de dónde venía. El principito, que me hacía muchas preguntas, jamás parecía oír las mías. Fueron palabras pronunciadas al azar, las que poco a poco me revelaron todo. Así, cuando distinguió por vez primera mi avión (no dibujaré mi avión, por tratarse de un dibujo demasiado complicado para mí) me preguntó:

—¿Qué cosa es esa? —Eso no es una cosa. Eso vuela. Es un avión, mi avión. Me sentía orgulloso al decirle que volaba. El entonces gritó:

—¡Cómo! ¿Has caído del cielo? —Sí —le dije modestamente. —¡Ah, ¡qué curioso!

Y el principito lanzó una graciosa carcajada que me irritó mucho. Me gusta que mis desgracias se tomen en serio. Y añadió:

—Entonces ¿tú también vienes del cielo? ¿De qué planeta eres tú? Divisé una luz en el misterio de su presencia y le pregunté bruscamente:

—¿Tu vienes, pues, de otro planeta?

Pero no me respondió; movía lentamente la cabeza mirando detenidamente mi avión.

—Es cierto, que, encima de eso, no puedes venir de muy lejos…

Y se hundió en un ensueño durante largo tiempo. Luego sacando de su bolsillo mi cordero se abismó en la contemplación de su tesoro.

Imagínense cómo me intrigó esta semiconfidencia sobre los otros planetas. Me esforcé, pues, en saber algo más:

—¿De dónde vienes, muchachito? ¿Dónde está "tu casa"? ¿Dónde quieres llevarte mi cordero? Después de meditar silenciosamente me respondió:

—Lo bueno de la caja que me has dado es que por la noche le servirá de casa. —Sin duda. Y si eres bueno te daré también una cuerda y una estaca para atarlo durante el día.

Esta proposición pareció chocar al principito.

—¿Atarlo? ¡Qué idea más rara! —Si no lo atas, se irá quién sabe dónde y se perderá…

Mi amigo soltó una nueva carcajada.

—¿Y dónde quieres que vaya? —No sé, a cualquier parte. Derecho camino adelante… Entonces el principito señaló con gravedad:

—¡No importa, es tan pequeña mi tierra!

Y agregó, quizás, con un poco de melancolía:

—Derecho, camino adelante… no se puede ir muy lejos.

## IV

De esta manera supe una segunda cosa muy importante: su planeta de origen era apenas más grande que una casa.

Esto no podía asombrarme mucho. Sabía muy bien que aparte de los grandes planetas como la Tierra, Júpiter, Marte, Venus, a los cuales se les ha dado nombre, existen otros centenares de ellos tan pequeños a veces, que es difícil distinguirlos aun con la ayuda del telescopio. Cuando un astrónomo descubre uno de estos planetas, le da por nombre un número. Le llama, por ejemplo, "el asteroide 3251".

Tengo poderosas razones para creer que el planeta del cual venía el principito era el asteroide B 612. Este asteroide ha sido visto sólo una vez con el telescopio en 1909, por un astrónomo turco.

Este astrónomo hizo una gran demostración de su descubrimiento en un congreso Internacional de Astronomía. Pero nadie le creyó a causa de su manera de vestir. Las personas mayores son así. Felizmente para la reputación del asteroide B 612, un dictador turco impuso a su pueblo, bajo pena de muerte, el vestido a la europea. Entonces el astrónomo volvió a dar cuenta de su descubrimiento en 1920 y como lucía un traje muy elegante, todo el mundo aceptó su demostración.

Si les he contado de todos estos detalles sobre el asteroide B 612 y hasta les he confiado su número, es por consideración a las personas mayores. A los mayores les gustan las cifras. Cuando se les habla de un nuevo amigo, jamás preguntan sobre lo esencial del mismo. Nunca se les ocurre preguntar: "¿Qué tono tiene su voz? ¿Qué juegos prefiere? ¿Le gusta coleccionar mariposas?" Pero en cambio preguntan: "¿Qué edad tiene? ¿Cuántos hermanos? ¿Cuánto pesa? ¿Cuánto gana su padre?" Solamente con estos detalles creen conocerle. Si les decimos a las personas mayores: "He visto una casa preciosa de ladrillo rosa, con geranios en las ventanas y palomas en el tejado", jamás llegarán a imaginarse cómo es esa casa. Es preciso decirles: "He visto una casa que vale cien mil pesos". Entonces exclaman entusiasmados: "¡Oh, ¡qué preciosa es!"

De tal manera, si les decimos: "La prueba de que el principito ha existido está en que era un muchachito encantador, que reía y quería un cordero. Querer un cordero es prueba de que se existe", las personas mayores se encogerán de hombros y nos dirán que somos unos niños. Pero si les decimos: "el planeta de donde venía el principito era el asteroide B 612", quedarán convencidas y no se preocuparán de hacer más preguntas. Son así. No hay por qué guardarles rencor. Los niños deben ser muy indulgentes con las personas mayores.

Pero nosotros, que sabemos comprender la vida, nos burlamos tranquilamente de los números. A mí me habría gustado más comenzar esta historia a la manera de los cuentos de hadas. Me habría gustado decir:

"Era una vez un principito que habitaba un planeta apenas más grande que él y que tenía necesidad de un amigo..." Para aquellos que comprenden la vida, esto hubiera parecido más real.

Porque no me gusta que mi libro sea tomado a la ligera. Siento tanta pena al contar estos recuerdos. Hace ya seis años que mi amigo se fue con su cordero. Y si intento describirlo aquí es sólo con el fin de no olvidarlo. Es muy triste olvidar a un amigo. No todos han tenido un amigo. Y yo puedo llegar a ser como las personas mayores, que sólo se interesan por las cifras. Para evitar esto he comprado una caja de lápices de colores. ¡Es muy duro, a mi edad, ponerse a aprender a dibujar, cuando en toda la vida no se ha hecho otra tentativa que la de una boa abierta y una boa cerrada a la edad de seis años! Ciertamente que yo trataré de hacer retratos lo más parecido posibles, pero no estoy muy seguro de lograrlo. Uno saldrá bien y otro no tiene parecido alguno. En las proporciones me equivoco también un poco. Aquí el principito es demasiado grande y allá es demasiado pequeño. Dudo también sobre el color de su traje. Titubeo sobre esto y lo otro y unas veces sale bien y otras mal. Es posible, en fin, que me equivoque sobre ciertos detalles muy importantes. Pero habrá que perdonármelo ya que mi amigo no me daba nunca muchas explicaciones. Me creía semejante a sí mismo y yo, desgraciadamente, no sé ver un cordero a través de una caja. Es posible que yo sea un poco como las personas mayores. He debido envejecer.

# V

Cada día yo aprendía algo nuevo sobre el planeta, sobre la partida y sobre el viaje. Esto venía suavemente al azar de las reflexiones. De esta manera tuve conocimiento al tercer día, del drama de los baobabs.

Fue también gracias al cordero y como preocupado por una profunda duda, cuando el principito me preguntó:

—¿Es verdad que los corderos se comen los arbustos?

—Sí, es cierto.

—¡Ah, qué contesto estoy!

No comprendí por qué era tan importante para él que los corderos se comieran los arbustos. Pero el principito añadió:

—Entonces se comen también los Baobabs.

Le hice comprender al principito que los baobabs no son arbustos, sino árboles tan grandes como iglesias y que incluso si llevase consigo todo un rebaño de elefantes, el rebaño no lograría acabar con un solo baobab.

Esta idea del rebaño de elefantes hizo reír al principito.

—Habría que poner los elefantes unos sobre otros… Y luego añadió juiciosamente:

—Los baobabs, antes de crecer, son muy pequeñitos.

—Es cierto. Pero ¿por qué quieres que tus corderos coman los baobabs?

Me contestó: "¡Bueno! ¡Vamos!" como si hablara de una evidencia. Me fue necesario un gran esfuerzo de inteligencia para comprender por mí mismo este problema.

En efecto, en el planeta del principito había, como en todos los planetas, hierbas buenas y hierbas malas. Por consiguiente, de buenas semillas salían buenas hierbas y de las semillas malas, hierbas malas. Pero las semillas son invisibles; duermen en el secreto de la tierra, hasta que un buen día una de ellas tiene la fantasía de despertarse. Entonces se alarga extendiendo hacia el sol, primero tímidamente, una encantadora ramita inofensiva. Si se trata de una ramita de rábano o de rosal, se la puede dejar que crezca como quiera. Pero si se trata de una mala hierba, es preciso arrancarla inmediatamente en cuanto uno ha sabido reconocerla. En el planeta del principito había semillas terribles… como las semillas del baobab. El suelo del planeta está infestado de ellas. Si un baobab no se arranca a tiempo, no hay manera de desembarazarse de él más tarde; cubre todo el planeta y lo perfora con sus raíces. Y si el planeta es demasiado pequeño y los baobabs son numerosos, lo hacen estallar.

"Es una cuestión de disciplina, me decía más tarde el principito. Cuando por la mañana uno termina de arreglarse, hay que hacer cuidadosamente la limpieza del planeta. Hay que dedicarse regularmente a arrancar los baobabs, cuando se les distingue de los rosales, a los cuales se parecen mucho cuando son pequeñitos. Es un trabajo muy fastidioso pero muy fácil".

Y un día me aconsejó que me dedicara a realizar un hermoso dibujo, que hiciera comprender a los niños de la tierra estas ideas. "Si alguna vez viajan, me decía, esto podrá servirles mucho. A veces no hay inconveniente en dejar para más tarde el trabajo que se ha de hacer; pero tratándose de baobabs, el retraso es siempre una catástrofe. Yo he conocido un planeta, habitado por un perezoso que descuidó tres arbustos…"

Siguiendo las indicaciones del principito, dibujé dicho planeta. Aunque no me gusta el papel de moralista, el peligro de los baobabs es tan desconocido y los peligros que puede correr quien llegue a perderse en un asteroide son tan grandes, que no vacilo en hacer una excepción y exclamar: "¡Niños, atención a los baobabs!" Y sólo con el fin de advertir a mis amigos de estos peligros a que se exponen desde hace ya tiempo sin saberlo, es por lo que trabajé y puse tanto empeño en realizar este dibujo. La lección que con él podía dar, valía la pena. Es muy posible que alguien me pregunte por qué no hay en este libro otros dibujos tan grandiosos como el dibujo de los baobabs. La respuesta es muy sencilla: he tratado de hacerlos, pero no lo he logrado. Cuando dibujé los baobabs estaba animado por un sentimiento de urgencia.

¡Ah, principito, cómo he ido comprendiendo lentamente tu vida melancólica! Durante mucho tiempo tu única distracción fue la suavidad de las puestas de sol. Este nuevo detalle lo supe al cuarto día, cuando me dijiste:

—Me gustan mucho las puestas de sol; vamos a ver una puesta de sol...

—Tendremos que esperar...

—¿Esperar qué?

—Que el sol se ponga.

Pareciste muy sorprendido primero, y después te reíste de ti mismo. Y me dijiste:

—Siempre me creo que estoy en mi tierra.

En efecto, como todo el mundo sabe, cuando es mediodía en Estados Unidos, en Francia se está poniendo el sol. Sería suficiente poder trasladarse a Francia en un minuto para asistir a la puesta del sol, pero desgraciadamente Francia está demasiado lejos. En cambio, sobre tu pequeño planeta te bastaba arrastrar la silla algunos pasos para presenciar el crepúsculo cada vez que lo deseabas...

—¡Un día vi ponerse el sol cuarenta y tres veces! Y un poco más tarde añadiste:

—¿Sabes? Cuando uno está verdaderamente triste le gusta ver las puestas de sol.

—El día que la viste cuarenta y tres veces estabas muy triste ¿verdad? Pero el principito no respondió.

# VII

Al quinto día y también en relación con el cordero, me fue revelado este otro secreto de la vida del principito. Me preguntó bruscamente y sin preámbulo, como resultado de un problema largamente meditado en silencio:

—Si un cordero se come los arbustos, se comerá también las flores ¿no?

—Un cordero se come todo lo que encuentra.

—¿Y también las flores que tienen espinas?

—Sí; también las flores que tienen espinas.

—Entonces, ¿para qué le sirven las espinas?

Confieso que no lo sabía. Estaba yo muy ocupado tratando de destornillar un perno demasiado apretado del motor; la avería comenzaba a parecerme cosa grave y la circunstancia de que se estuviera agotando mi provisión de agua, me hacía temer lo peor.

—¿Para qué sirven las espinas?

El principito no permitía nunca que se dejara sin respuesta una pregunta formulada por él. Irritado por la resistencia que me oponía el perno, le respondí lo primero que se me ocurrió:

—Las espinas no sirven para nada; son pura maldad de las flores.

—¡Oh!

Y después de un silencio, me dijo con una especie de rencor:

—¡No te creo! Las flores son débiles. Son ingenuas. Se defienden como pueden. Se creen terribles con sus espinas…

No le respondí nada; en aquel momento me estaba diciendo a mí mismo: "Si este perno me resiste un poco más, lo haré saltar de un martillazo". El principito me interrumpió de nuevo mis pensamientos:

—¿Tú crees que las flores…?

—¡No, no creo nada! Te he respondido cualquier cosa para que te calles. Tengo que ocuparme de cosas serias.

Me miró estupefacto.

—¡De cosas serias!

Me miraba con mi martillo en la mano, los dedos llenos de grasa e inclinado sobre algo que le parecía muy feo.

—¡Hablas como las personas mayores!

Me avergonzó un poco. Pero él, implacable, añadió:

—¡Lo confundes todo…todo lo mezclas…!

Estaba verdaderamente irritado; sacudía la cabeza, agitando al viento sus cabellos dorados.

—Conozco un planeta donde vive un señor muy colorado, que nunca ha olido una flor, ni ha mirado una estrella y que jamás ha querido a nadie. En toda su vida no ha hecho más que sumas. Y todo el día se lo pasa repitiendo como tú: "¡Yo soy un hombre serio, yo soy un hombre serio!"… Al parecer esto le llena de orgullo. Pero eso no es un hombre, ¡es un hongo!

—¿Un qué?

—Un hongo.

El principito estaba pálido de cólera.

—Hace millones de años que las flores tiene espinas y hace también millones de años que los corderos, a pesar de las espinas, se comen las flores. ¿Es que no es cosa seria averiguar por qué las flores pierden el tiempo fabricando unas espinas que no les sirven para nada? ¿Es que no es importante la guerra de los corderos y las flores? ¿No es esto más serio e importante que las sumas de un señor gordo y colorado? Y si yo sé de una flor única en el mundo y que no existe en ninguna parte más que en mi planeta; si yo sé que un buen día un corderillo puede aniquilarla sin darse cuenta de ello, ¿es que esto no es importante?

El principito enrojeció y después continuó:

—Si alguien ama a una flor de la que sólo existe un ejemplar en millones y millones de estrellas, basta que las mire para ser dichoso. Puede decir satisfecho: "Mi flor está allí, en alguna parte…" ¡Pero si el cordero se la come, para él es como si de pronto todas las estrellas se apagaran! ¡Y esto no es importante!

No pudo decir más y estalló bruscamente en sollozos.

La noche había caído. Yo había soltado las herramientas y ya no importaban nada el martillo, el perno, la sed y la muerte. ¡Había en una estrella, en un planeta, el mío, ¡la Tierra, un principito a quien consolar! Lo tomé en mis brazos y lo mecí diciéndole: "la flor que tú quieres no corre peligro… te dibujaré un bozal para tu cordero y una armadura para la flor…te…". No sabía qué decirle, cómo consolarle y hacer que tuviera nuevamente confianza en mí; me sentía torpe. ¡Es tan misterioso el país de las lágrimas!

## VIII

Aprendí bien pronto a conocer mejor esta flor. Siempre había habido en el planeta del principito flores muy simples adornadas con una sola fila de pétalos que apenas ocupaban sitio y a nadie molestaban. Aparecían entre la hierba una mañana y por la tarde se extinguían. Pero aquella había germinado un día de una semilla llegada de quién sabe dónde, y el principito había vigilado cuidadosamente desde el primer día aquella ramita tan diferente de las que él conocía. Podía ser una nueva especie de Baobab. Pero el arbusto cesó pronto de crecer y comenzó a echar su flor. El principito observó el crecimiento de un enorme capullo y tenía le convencimiento de que habría de salir de allí una aparición milagrosa; pero la flor no acababa de preparar su belleza al abrigo de su envoltura verde. Elegía con cuidado sus colores, se vestía lentamente y se ajustaba uno a uno sus pétalos. No quería salir ya ajada como las amapolas; quería aparecer en todo el esplendor de su belleza. ¡Ah, era muy coqueta aquella flor! Su misteriosa preparación duraba días y días. Hasta que una mañana, precisamente al salir el sol se mostró espléndida.

La flor, que había trabajado con tanta precisión, dijo bostezando:

—¡Ah, perdóname… apenas acabo de despertarme… estoy toda despeinada…! El principito no pudo contener su admiración:

—¡Qué hermosa eres!

—¿Verdad? —respondió dulcemente la flor—. He nacido al mismo tiempo que el sol. El principito adivinó exactamente que ella no era muy modesta ciertamente, pero ¡era tan conmovedora!

—Me parece que ya es hora de desayunar — añadió la flor —; si tuvieras la bondad de pensar un poco en mí…

Y el principito, muy confuso, habiendo ido a buscar una regadera la roció abundantemente con agua fresca.

Y así, ella lo había atormentado con su vanidad un poco sombría. Un día, por ejemplo, hablando de sus cuatro espinas, dijo al principito:

—¡Ya pueden venir los tigres, con sus garras!

—No hay tigres en mi planeta —observó el principito— y, además, los tigres no comen hierba.

—Yo no soy una hierba —respondió dulcemente la flor.

—Perdóname…

—No temo a los tigres, pero tengo miedo a las corrientes de aire. ¿No tendrás un biombo?

"Miedo a las corrientes de aire no es una suerte para una planta —pensó el principito—. Esta flor   es demasiado complicada…"

—Por la noche me cubrirás con un fanal... hace mucho frío en tu tierra. No se está muy a gusto; allá de donde yo vengo...

La flor se interrumpió; había llegado allí en forma de semilla y no era posible que conociera otros mundos. Humillada por haberse dejado sorprender inventando una mentira tan ingenua, tosió dos o tres veces para atraerse la simpatía del principito.

—¿Y el biombo?

—Iba a buscarlo, pero como no dejabas de hablarme... Insistió en su tos para darle al menos remordimientos.

De esta manera el principito, a pesar de la buena voluntad de su amor, había llegado a dudar de ella. Había tomado en serio palabras sin importancia y se sentía desgraciado.

"Yo no debía hacerle caso —me confesó un día el principito— nunca hay que hacer caso a las flores, basta con mirarlas y olerlas. Mi flor embalsamaba el planeta, pero yo no sabía gozar con eso... Aquella historia de garra y tigres que tanto me molestó, hubiera debido enternecerme".

Y me contó todavía:

"¡No supe comprender nada entonces! Debí juzgarla por sus actos y no por sus palabras. ¡La flor perfumaba e iluminaba mi vida y jamás debí huir de allí! ¡No supe adivinar la ternura que ocultaban sus pobres astucias! ¡Son tan contradictorias las flores! Pero yo era demasiado joven para saber amarla".

Creo que el principito aprovechó la migración de una bandada de pájaros silvestres para su evasión. La mañana de la partida, puso en orden el planeta. Deshollinó cuidadosamente sus volcanes en actividad, de los cuales poseía dos, que le eran muy útiles para calentar el desayuno todas las mañanas. Tenía, además, un volcán extinguido. Deshollinó también el volcán extinguido, pues, como él decía, nunca se sabe lo que puede ocurrir. Si los volcanes están bien deshollinados, arden sus erupciones, lenta y regularmente. Las erupciones volcánicas son como el fuego de nuestras chimeneas. Es evidente que en nuestra Tierra no hay posibilidad de deshollinar los volcanes; los hombres somos demasiado pequeños. Por eso nos dan tantos disgustos.

El principito arrancó también con un poco de melancolía los últimos brotes de baobabs. Creía que no iba a volver nunca. Pero todos aquellos trabajos le parecieron aquella mañana extremadamente dulces. Y cuando regó por última vez la flor y se dispuso a ponerla al abrigo del fanal, sintió ganas de llorar.

—Adiós —le dijo a la flor. Esta no respondió.

—Adiós —repitió el principito.

La flor tosió, pero no porque estuviera resfriada.

—He sido una tonta —le dijo al fin la flor—. Perdóname. Procura ser feliz.

Se sorprendió por la ausencia de reproches y quedó desconcertado, con el fanal en el aire, no comprendiendo está tranquila mansedumbre.

—Sí, yo te quiero —le dijo la flor—, ha sido culpa mía que tú no lo sepas; pero eso no tiene importancia. Y tú has sido tan tonto como yo. Trata de ser feliz. . . Y suelta de una vez ese fanal; ya no lo quiero.

—Pero el viento...

—No estoy tan resfriada como para... El aire fresco de la noche me hará bien. Soy una flor.

—Y los animales...

—Será necesario que soporte dos o tres orugas, si quiero conocer las mariposas; creo que son muy hermosas. Si no ¿quién vendrá a visitarme? Tú estarás muy lejos. En cuanto a las fieras, no las temo: yo tengo mis garras.

Y le mostraba ingenuamente sus cuatro espinas. Luego añadió:

—Y no prolongues más tu despedida. Puesto que has decidido partir, vete de una vez. La flor no quería que la viese llorar: era tan orgullosa...

Se encontraba en la región de los asteroides 325, 326, 327, 328, 329 y 330. Para ocuparse en algo e instruirse al mismo tiempo decidió visitarlos.

El primero estaba habitado por un rey. El rey, vestido de púrpura y armiño, estaba sentado sobre un trono muy sencillo y, sin embargo, majestuoso.

—¡Ah, —exclamó el rey al divisar al principito—, aquí tenemos un súbdito! El principito se preguntó:

"¿Cómo es posible que me reconozca si nunca me ha visto?"

Ignoraba que para los reyes el mundo está muy simplificado. Todos los hombres son súbditos.

—Aproxímate para que te vea mejor —le dijo el rey, que estaba orgulloso de ser por fin el rey de alguien. El principito buscó donde sentarse, pero el planeta estaba ocupado totalmente por el magnífico manto de armiño. Se quedó, pues, de pie, pero como estaba cansado, bostezó.

—La etiqueta no permite bostezar en presencia del rey —le dijo el monarca—. Te lo prohíbo.

—No he podido evitarlo —respondió el principito muy confuso—, he hecho un viaje muy largo y apenas he dormido...

—Entonces —le dijo el rey— te ordeno que bosteces. Hace años que no veo bostezar a nadie.

Los bostezos son para mí algo curioso. ¡Vamos, bosteza otra vez, te lo ordeno!

—Me da vergüenza... ya no tengo ganas... —dijo el principito enrojeciendo.

—¡Hum, hum! —respondió el rey—. ¡Bueno! Te ordeno tan pronto que bosteces y que no bosteces...

Tartamudeaba un poco y parecía vejado, pues el rey daba gran importancia a que su autoridad fues e respetada. Era un monarca absoluto, pero como era muy bueno, daba siempre órdenes razonables.

Si yo ordenara —decía frecuentemente—, si yo ordenara a un general que se transformara en ave marina y el general no me obedeciese, la culpa no sería del general, sino mía".

—¿Puedo sentarme? —preguntó tímidamente el principito.

—Te ordeno sentarte —le respondió el rey—, recogiendo majestuosamente un faldón de su manto de armiño.

El principito estaba sorprendido. Aquel planeta era tan pequeño que no se explicaba sobre quién podría reinar aquel rey.

—Señor —le dijo—, perdóneme si le pregunto...

—Te ordeno que me preguntes —se apresuró a decir el rey.

—Señor... ¿sobre qué ejerce su poder?

—Sobre todo —contestó el rey con gran ingenuidad.

—¿Sobre todo?

El rey, con un gesto sencillo, señaló su planeta, los otros planetas y las estrellas.

—¿Sobre todo eso? —volvió a preguntar el principito.

—Sobre todo eso... —respondió el rey.

No era sólo un monarca absoluto, era, además, un monarca universal.

—¿Y las estrellas le obedecen?

—¡Naturalmente! —le dijo el rey—. Y obedecen en seguida, pues yo no tolero la indisciplina.

Un poder semejante dejó maravillado al principito. Si él disfrutara de un poder de tal naturaleza, hubiese podido asistir en el mismo día, no a cuarenta y tres, sino a setenta y dos, a cien, o incluso a doscientas puestas de sol, sin tener necesidad de arrastrar su silla. Y como se sentía un poco triste al recordar su pequeño planeta abandonado, se atrevió a solicitar una gracia al rey:

—Me gustaría ver una puesta de sol... Deme ese gusto... Ordénele al sol que se ponga...

—Si yo le diera a un general la orden de volar de flor en flor como una mariposa, o de escribir una tragedia, o de transformarse en ave marina y el general no ejecutase la orden recibida ¿de quién sería la culpa, mía o de él?

—La culpa sería de usted —le dijo el principito con firmeza.

—Exactamente. Sólo hay que pedir a cada uno, lo que cada uno puede dar —continuó el rey. La autoridad se apoya antes que nada en la razón. Si ordenas a tu pueblo que se tire al mar, el pueblo hará la revolución. Yo tengo derecho a exigir obediencia, porque mis órdenes son razonables.

—¿Entonces mi puesta de sol? —recordó el principito, que jamás olvidaba su pregunta una vez que la había formulado.

—Tendrás tu puesta de sol. La exigiré. Pero, según me dicta mi ciencia gobernante, esperaré que las condiciones sean favorables.

—¿Y cuándo será eso?

—¡Ejem, ejem! —le respondió el rey, consultando previamente un enorme calendario—, ¡ejem, ejem! será hacia... hacia... será hacia las siete cuarenta. Ya verás cómo se me obedece.

El principito bostezó. Lamentaba su puesta de sol frustrada y además se estaba aburriendo ya un poco.

—Ya no tengo nada que hacer aquí —le dijo al rey—. Me voy.

—No partas —le respondió el rey que se sentía muy orgulloso de tener un súbdito—, no te vayas y te hago ministro.

—¿Ministro de qué?

—¡De... de justicia!

—¡Pero si aquí no hay nadie a quien juzgar!

—Eso no se sabe —le dijo el rey—. Nunca he recorrido todo mi reino. Estoy muy viejo y el caminar me cansa. Y como no hay sitio para una carroza...

—¡Oh! Pero yo ya he visto. . . —dijo el principito que se inclinó para echar una ojeada al otro lado del planeta—. Allá abajo no hay nadie tampoco. .

—Te juzgarás a ti mismo —le respondió el rey—. Es lo más difícil. Es mucho más difícil juzgarse a sí mismo, que juzgar a los otros. Si consigues juzgarte rectamente es que eres un verdadero sabio.

—Yo puedo juzgarme a mí mismo en cualquier parte y no tengo necesidad de vivir aquí.

—¡Ejem, ejem! Creo —dijo el rey— que en alguna parte del planeta vive una rata vieja; yo la oigo por la noche. Tu podrás juzgar a esta rata vieja. La condenarás a muerte de vez en cuando. Su vida dependería de tu justicia y la indultarás en cada juicio para conservarla, ya que no hay más que una.

—A mí no me gusta condenar a muerte a nadie —dijo el principito—. Creo que me voy a marchar.

—No —dijo el rey.

Pero el principito, que habiendo terminado ya sus preparativos no quiso disgustar al viejo monarca, dijo:

—Si Vuestra Majestad deseara ser obedecido puntualmente, podría dar una orden razonable. Podría ordenarme, por ejemplo, partir antes de un minuto. Me parece que las condiciones son favorables...

Como el rey no respondiera nada, el principito vaciló primero y con un suspiro emprendió la marcha.

—¡Te nombro mi embajador! —se apresuró a gritar el rey. Tenía un aspecto de gran autoridad. "Las personas mayores son muy extrañas", se decía el principito para sí mismo durante el viaje.

## XI

El segundo planeta estaba habitado por un vanidoso:

—¡Ah! ¡Ah! ¡Un admirador viene a visitarme! —Gritó el vanidoso al divisar a lo lejos al principito. Para los vanidosos todos los demás hombres son admiradores.

—¡Buenos días! —dijo el principito—. ¡Qué sombrero tan raro tiene!

—Es para saludar a los que me aclaman —respondió el vanidoso. Desgraciadamente nunca pasa nadie por aquí.

—¿Ah sí? —preguntó sin comprender el principito.

—Golpea tus manos una contra otra —le aconsejó el vanidoso.

El principito aplaudió y el vanidoso le saludó modestamente levantando el sombrero.

"Esto parece más divertido que la visita al rey", se dijo para sí el principito, que continuó aplaudiendo mientras el vanidoso volvía a saludarle quitándose el sombrero.

A los cinco minutos el principito se cansó con la monotonía de aquel juego.

—¿Qué hay que hacer para que el sombrero se caiga? —preguntó el principito. Pero el vanidoso no le oyó. Los vanidosos sólo oyen las alabanzas.

—Tú me admiras mucho, ¿verdad? —preguntó el vanidoso al principito.

—¿Qué significa admirar?

—Admirar significa reconocer que yo soy el hombre más bello, el mejor vestido, el más rico y el más inteligente del planeta.

—¡Si tú estás solo en tu planeta!

—¡Hazme ese favor, admírame de todas maneras!

—¡Bueno! Te admiro —dijo el principito encogiéndose de hombros—, pero ¿para qué te sirve? Y el principito se marchó.

"Decididamente, las personas mayores son muy extrañas", se decía para sí el principito durante

su viaje.

# XII

El tercer planeta estaba habitado por un bebedor. Fue una visita muy corta, pues hundió al principito en una gran melancolía.

—¿Qué haces ahí? —preguntó al bebedor que estaba sentado en silencio ante un sinnúmero de botellas vacías y otras tantas botellas llenas.

—¡Bebo! —respondió el bebedor con tono lúgubre.

—¿Por qué bebes? —volvió a preguntar el principito.

—Para olvidar.

—¿Para olvidar qué? —inquirió el principito ya compadecido.

—Para olvidar que siento vergüenza —confesó el bebedor bajando la cabeza.

—¿Vergüenza de qué? —se informó el principito deseoso de ayudarle.

—¡Vergüenza de beber! —concluyó el bebedor, que se encerró nueva y definitivamente en el silencio.

Y el principito, perplejo, se marchó.

"No hay la menor duda de que las personas mayores son muy extrañas", seguía diciéndose para sí el principito durante su viaje.

# XIII

El cuarto planeta estaba ocupado por un hombre de negocios. Este hombre estaba tan abstraído que ni siquiera levantó la cabeza a la llegada del principito.

—¡Buenos días! —le dijo éste—. Su cigarro se ha apagado.

—Tres y dos cinco. Cinco y siete doce. Doce y tres quince. ¡Buenos días! Quince y siete veintidós. Veintidós y seis veintiocho. No tengo tiempo de encenderlo. Veintiocho y tres treinta y uno. ¡Uf! Esto suma quinientos un millones seiscientos veintidós mil setecientos treinta y uno.

—¿Quinientos millones de qué?

—¿Eh? ¿Estás ahí todavía? Quinientos millones de... ya no sé... ¡He trabajado tanto! ¡Yo soy un hombre serio y no me entretengo en tonterías! Dos y cinco siete...

—¿Quinientos millones de qué? —volvió a preguntar el principito, que nunca en su vida había renunciado a una pregunta una vez que la había formulado.

El hombre de negocios levantó la cabeza:

—Desde hace cincuenta y cuatro años que habito este planeta, sólo me han molestado tres veces. La primera, hace veintidós años, fue por un abejorro que había caído aquí de Dios sabe dónde. Hacía un ruido insoportable y me hizo cometer cuatro errores en una suma. La segunda vez por una crisis de reumatismo, hace once años. Yo no hago ningún ejercicio, pues no tengo tiempo de callejear. Soy un hombre serio. Y la tercera vez... ¡la tercera vez es ésta! Decía, pues, quinientos un millones...

—¿Millones de qué?

El hombre de negocios comprendió que no tenía ninguna esperanza de que lo dejaran en paz.

—Millones de esas pequeñas cosas que algunas veces se ven en el cielo.

—¿Moscas?

—¡No, cositas que brillan!

—¿Abejas?

—No. Unas cositas doradas que hacen desvariar a los holgazanes. ¡Yo soy un hombre serio y no tengo tiempo de desvariar!

—¡Ah! ¿Estrellas?

—Eso es.Estrellas.

—¿Y qué haces tú con quinientos millones de estrellas?

—Quinientos un millones seiscientos veintidós mil setecientos treinta y uno. Yo soy un hombre serio y exacto.

—¿Y qué haces con esas estrellas? —¿Que qué hago con ellas?

—Sí.

—Nada. Las poseo.

—¿Que las estrellas son tuyas?

—Sí.

—Yo he visto un rey que...

—Los reyes no poseen nada... Reinan. Es muy diferente.

—¿Y de qué te sirve poseer las estrellas?

—Me sirve para ser rico.

—¿Y de qué te sirve ser rico?

—Me sirve para comprar más estrellas si alguien las descubre.

"Este, se dijo a sí mismo el principito, razona poco más o menos como mi borracho". No obstante, le siguió preguntando:

—¿Y cómo es posible poseer estrellas?

—¿De quién son las estrellas? —contestó punzante el hombre de negocios.

—No sé. . . De nadie.

—Entonces son mías, puesto que he sido el primero a quien se le ha ocurrido la idea.

—¿Y eso basta?

—Naturalmente. Si te encuentras un diamante que nadie reclama, el diamante es tuyo. Si encontraras una isla que a nadie pertenece, la isla es tuya. Si eres el primero en tener una idea y la haces patentar, nadie puede aprovecharla: es tuya. Las estrellas son mías, puesto que nadie, antes que yo, ha pensado en poseerlas.

—Eso es verdad —dijo el principito— ¿y qué haces con ellas?

—Las administro. Las cuento y las recuento una y otra vez —contestó el hombre de negocios—.

Es algo difícil. ¡Pero yo soy un hombre serio!

El principito no quedó del todo satisfecho.

—Si yo tengo una bufanda, puedo ponérmela al cuello y llevármela. Si soy dueño de una flor, puedo cortarla y llevármela también. ¡Pero tú no puedes llevarte las estrellas!

—Pero puedo colocarlas en un banco.

—¿Qué quiere decir eso?

—Quiere decir que escribo en un papel el número de estrellas que tengo y guardo bajo llave en un cajón ese papel.

—¿Y eso es todo?

—¡Es suficiente!

"Es divertido", pensó el principito. "Es incluso bastante poético. Pero no es muy serio".

El principito tenía sobre las cosas serias ideas muy diferentes de las ideas de las personas mayores.

—Yo —dijo aún— tengo una flor a la que riego todos los días; poseo tres volcanes a los que deshollino todas las semanas, pues también me ocupo del que está extinguido; nunca se sabe lo que puede ocurrir. Es útil, pues, para mis volcanes y para mi flor que yo las posea. Pero tú, tú no eres nada útil para las estrellas...

El hombre de negocios abrió la boca, pero no encontró respuesta. El principito abandonó aquel planeta.

"Las personas mayores, decididamente, son extraordinarias", se decía a sí mismo con sencillez durante el viaje.

## XIV

El quinto planeta era muy curioso. Era el más pequeño de todos, pues apenas cabían en él un farol y el farolero que lo habitaba. El principito no lograba explicarse para qué servirían allí, en el cielo, en un planeta sin casas y sin población un farol y un farolero. Sin embargo, se dijo a sí mismo:

"Este hombre, quizás, es absurdo. Sin embargo, es menos absurdo que el rey, el vanidoso, el hombre de negocios y el bebedor. Su trabajo, al menos, tiene sentido. Cuando enciende su farol, es igual que si hiciera nacer una estrella más o una flor y cuando lo apaga hace dormir a la flor o a la estrella. Es una ocupación muy bonita y por ser bonita es verdaderamente útil".

Cuando llegó al planeta saludó respetuosamente al farolero:

—¡Buenos días! ¿Por qué acabas de apagar tu farol?

—Es la consigna —respondió el farolero—. ¡Buenos días!

—¿Y qué es la consigna?

—Apagar mi farol. ¡Buenas noches! Y encendió el farol.

—¿Y por qué acabas de volver a encenderlo?

—Es la consigna.

—No lo comprendo —dijo el principito.

—No hay nada que comprender —dijo el farolero—. La consigna es la consigna. ¡Buenos días! Y apagó su farol.

Luego se enjugó la frente con un pañuelo de cuadros rojos.

—Mi trabajo es algo terrible. En otros tiempos era razonable; apagaba el farol por la mañana y lo encendía por la tarde. Tenía el resto del día para reposar y el resto de la noche para dormir.

—¿Y luego cambiaron la consigna?

—Ese es el drama, que la consigna no ha cambiado —dijo el farolero—. El planeta gira cada vez más de prisa de año en año y la consigna sigue siendo la misma.

—¿Y entonces? —dijo el principito.

—Como el planeta da ahora una vuelta completa cada minuto, yo no tengo un segundo de reposo. Enciendo y apago una vez por minuto.

—¡Eso es raro! ¡Los días sólo duran en tu tierra un minuto!

—Esto no tiene nada de divertido —dijo el farolero—. Hace ya un mes que tú y yo estamos hablando.

—¿Un mes?

—Sí, treinta minutos. ¡Treinta días! ¡Buenas noches! Y volvió a encender su farol.

El principito lo miró y le gustó este farolero que tan fielmente cumplía la consigna. Recordó las puestas de sol que en otro tiempo iba a buscar arrastrando su silla. Quiso ayudarle a su amigo.

—¿Sabes? Yo conozco un medio para que descanses cuando quieras...

—Yo quiero descansar siempre —dijo el farolero. Se puede ser a la vez fiel y perezoso.

El principito prosiguió:

—Tu planeta es tan pequeño que puedes darle la vuelta en tres zancadas. No tienes que hacer más que caminar muy lentamente para quedar siempre al sol. Cuando quieras descansar, caminarás... y el día durará tanto tiempo cuanto quieras.

—Con eso no adelanto gran cosa —dijo el farolero—, lo que a mí me gusta en la vida es dormir.

—No es una suerte —dijo el principito.

—No, no es una suerte —replicó el farolero—. ¡Buenos días! Y apagó su farol.

Mientras el principito proseguía su viaje, se iba diciendo para sí: "Este sería despreciado por los otros, por el rey, por el vanidoso, por el bebedor, por el hombre de negocios. Y, sin embargo, es el único que no me parece ridículo, quizás porque se ocupa de otra cosa y no de sí mismo. Lanzó un suspiro de penay continuó diciéndose:

"Es el único de quien pude haberme hecho amigo. Pero su planeta es demasiado pequeño y no hay lugar para dos..."

Lo que el principito no se atrevía a confesarse, era que la causa por la cual lamentaba no quedarse en este bendito planeta se debía a las mil cuatrocientas cuarenta puestas de sol que podría disfrutar cada veinticuatro horas.

El sexto planeta era diez veces más grande. Estaba habitado por un anciano que escribía grandes libros.

—¡Anda, un explorador! —exclamó cuando divisó al principito.

Este se sentó sobre la mesa y reposó un poco. ¡Había viajado ya tanto!

—¿De dónde vienes tú? —le preguntó el anciano.

—¿Qué libro es ese tan grande? —preguntó a su vez el principito—. ¿Qué hace usted aquí?

—Soy geógrafo —dijo el anciano.

—¿Y qué es un geógrafo?

—Es un sabio que sabe dónde están los mares, los ríos, las ciudades, las montañas y los desiertos.

—Eso es muy interesante —dijo el principito—. ¡Y es un verdadero oficio!

Dirigió una mirada a su alrededor sobre el planeta del geógrafo; nunca había visto un planeta tan majestuoso.

—Es muy hermoso su planeta. ¿Hay océanos aquí?

—No puedo saberlo —dijo el geógrafo.

—¡Ah! (El principito se sintió decepcionado). ¿Y montañas?

—No puedo saberlo —repitió el geógrafo.

—¿Y ciudades, ríos y desiertos?

—Tampoco puedo saberlo.

—¡Pero usted es geógrafo!

—Exactamente —dijo el geógrafo—, pero no soy explorador, ni tengo exploradores que me informen. El geógrafo no puede estar de acá para allá contando las ciudades, los ríos, las montañas, los océanos y los desiertos; es demasiado importante para deambular por ahí. Se queda en su despacho y allí recibe a los exploradores. Les interroga y toma nota de sus informes. Si los informes de alguno de ellos le parecen interesantes, manda hacer una investigación sobre la moralidad del explorador.

—¿Para qué?

—Un explorador que mintiera sería una catástrofe para los libros de geografía. Y también lo sería un explorador que bebiera demasiado.

—¿Por qué? —preguntó el principito.

—Porque los borrachos ven doble y el geógrafo pondría dos montañas donde sólo habría una.

—Conozco a alguien —dijo el principito—, que sería un mal explorador.

—Es posible. Cuando se está convencido de que la moralidad del explorador es buena, se hace una investigación sobre su descubrimiento.

—¿Se va a ver?

—No, eso sería demasiado complicado. Se exige al explorador que suministre pruebas. Por ejemplo, si se trata del descubrimiento de una gran montaña, se le pide que traiga grandes piedras.

Súbitamente el geógrafo se sintió emocionado:

—Pero... ¡tú vienes de muy lejos! ¡Tú eres un explorador! Vas a describirme tu planeta.

Y el geógrafo abriendo su registro afiló su lápiz. Los relatos de los exploradores se escriben primero con lápiz. Se espera que el explorador presente sus pruebas para pasarlos a tinta.

—¿Y bien? —interrogó el geógrafo.

—¡Oh! Mi tierra —dijo el principito— no es interesante, todo es muy pequeño. Tengo tres volcanes, dos en actividad y uno extinguido; pero nunca se sabe...

—No, nunca se sabe —dijo el geógrafo.

—Tengo también una flor.

—De las flores no tomamos nota.

—¿Por qué? ¡Son lo más bonito!

—Porque las flores son efímeras.

—¿Qué significa "efímera"?

—Las geografías —dijo el geógrafo— son los libros más preciados e interesantes; nunca pasan de moda. Es muy raro que una montaña cambie de sitio o que un océano quede sin agua. Los geógrafos escribimos sobrecosas eternas.

—Pero los volcanes extinguidos pueden despertarse —interrumpió el principito—. ¿Qué significa "efímera"?

—Que los volcanes estén o no en actividad es igual para nosotros. Lo interesante es la montaña que nunca cambia.

—Pero, ¿qué significa "efímera"? —repitió el principito que en su vida había renunciado a una pregunta una vez formulada.

—Significa que está amenazado de próxima desaparición.

—¿Mi flor está amenazada de desaparecer próximamente?

—Indudablemente.

"Mi flor es efímera —se dijo el principito— y no tiene más que cuatro espinas para defenderse contra el mundo. ¡Y la he dejado allá sola en mi casa!". Por primera vez se arrepintió de haber dejado su planeta, pero bien pronto recobró su valor.

—¿Qué me aconseja usted que visite ahora? —preguntó.

—La Tierra —le contestó el geógrafo—. Tiene muy buena reputación... Y el principito partió pensando en su flor.

El séptimo planeta fue, por consiguiente, la Tierra.

¡La Tierra no es un planeta cualquiera! Se cuentan en él ciento once reyes (sin olvidar, naturalmente, los reyes negros), siete mil geógrafos, novecientos mil hombres de negocios, siete millones y medio de borrachos, trescientos once millones de vanidosos, es decir, alrededor de dos mil millones de personas mayores.

Para darles una idea de las dimensiones de la Tierra yo les diría que antes de la invención de la electricidad había que mantener sobre el conjunto de los seis continentes un verdadero ejército de cuatrocientos sesenta y dos mil quinientos once faroleros.

Vistos desde lejos, hacían un espléndido efecto. Los movimientos de este ejército estaban regulados como los de un ballet de ópera. Primero venía el turno de los faroleros de Nueva Zelandia y de Australia. Encendían sus faroles y se iban a dormir. Después tocaba el turno en la danza a los faroleros de China y Siberia, que a su vez se perdían entre bastidores. Luego seguían los faroleros de Rusia y la India, después los de África y Europa y finalmente, los de América del Sur y América del Norte. Nunca se equivocaban en su orden de entrada en escena. Era grandioso.

Solamente el farolero del único farol del polo norte y su colega del único farol del polo sur, llevaban una vida de ociosidad y descanso. No trabajaban más que dos veces al año.

## XVII

Cuando se quiere ser ingenioso, sucede que se miente un poco. No he sido muy honesto al hablar de los faroleros y corro el riesgo de dar una falsa idea de nuestro planeta a los que no lo conocen. Los hombres ocupan muy poco lugar sobre la Tierra. Si los dos mil millones de habitantes que la pueblan se pusieran de pie y un poco apretados, como en un mitin, cabrían fácilmente en una plaza de veinte millas de largo por veinte de ancho. La humanidad podría amontonarse sobre el más pequeño islote del Pacífico.

Las personas mayores no les creerán, seguramente, pues siempre se imaginan que ocupan mucho sitio. Se creen importantes como los baobabs. Les dirán, pues, que hagan el cálculo; eso les gustará ya que adoran las cifras. Pero no es necesario que pierdan el tiempo inútilmente, puesto que tienen confianza en mí.

El principito, una vez que llegó a la Tierra, quedó sorprendido de no ver a nadie. Tenía miedo de haberse equivocado de planeta, cuando un anillo de color de luna se revolvió en la arena.

—¡Buenas noches! —dijo el principito.

—¡Buenas noches! —dijo la serpiente.

—¿Sobre qué planeta he caído? —preguntó el principito.

—Sobre la Tierra, en África —respondió la serpiente.

—¡Ah! ¿Y no hay nadie sobre la Tierra?

—Esto es el desierto. En los desiertos no hay nadie. La Tierra es muy grande —dijo la serpiente. El principito se sentó en una piedra y elevó los ojos al cielo.

—Yo me pregunto —dijo— si las estrellas están encendidas para que cada cual pueda un día encontrar la suya. Mira mi planeta; está precisamente encima de nosotros... Pero... ¡qué lejos está!

—Es muy bella —dijo la serpiente—. ¿Y qué vienes tú a hacer aquí?

—Tengo problemas con una flor —dijo el principito.

—¡Ah!

Y se callaron.

—¿Dónde están los hombres? —prosiguió por fin el principito. Se está un poco solo en el desierto...

—También se está solo donde los hombres —afirmó la serpiente.

El principito la miró largo rato y le dijo: —Eres un bicho raro, delgado como un dedo...

—Pero soy más poderoso que el dedo de un rey —le interrumpió la serpiente. El principito sonrió:

—No me pareces muy poderoso... ni siquiera tienes patas... ni tan siquiera puedes viajar...

—Puedo llevarte más lejos que un navío —dijo la serpiente.

Se enroscó alrededor del tobillo del principito como un brazalete de oro.

—Al que yo toco, le hago volver a la tierra de donde salió. Pero tú eres puro y vienes de una estrella...

El principito no respondió.

—Me das lástima, tan débil sobre esta tierra de granito. Si algún día echas mucho de menos tu planeta, puedo ayudarte. Puedo...

—¡Oh! —dijo el principito—. Te he comprendido. Pero ¿por qué hablas con enigmas?

—Yo los resuelvo todos —dijo la serpiente. Y se callaron.

## XVIII

El principito atravesó el desierto en el que sólo encontró una flor de tres pétalos, una flor de nada.

—¡Buenos días! —dijo el principito.

—¡Buenos días! —dijo la flor.

—¿Dónde están los hombres? —preguntó cortésmente el principito. La flor, un día, había visto pasar una caravana.

—¿Los hombres? No existen más que seis o siete, me parece. Los he visto hace ya años y

nunca se sabe dónde encontrarlos. El viento los pasea. Les faltan las raíces. Esto les molesta.

—Adiós —dijo el principito.

—Adiós —dijo la flor.

## XIX

El principito escaló hasta la cima de una alta montaña. Las únicas montañas que él había conocido eran los tres volcanes que le llegaban a la rodilla. El volcán extinguido lo utilizaba como taburete. "Desde una montaña tan alta como ésta, se había dicho, podré ver todo el planeta y a todos los hombres..." Pero no alcanzó a ver más que algunas puntas de rocas.

—¡Buenos días! —exclamó el principito al acaso.

—¡Buenos días! ¡Buenos días! ¡Buenos días! —respondió el eco.

—¿Quién eres tú? —preguntó el principito.

—¿Quién eres tú?... ¿Quién eres tú?... ¿Quién eres tú?... —contestó el eco.

—Sed mis amigos, estoy solo —dijo el principito.

—Estoy solo... estoy solo... estoy solo... —repitió el eco.

"¡Qué planeta más raro! —pensó entonces el principito—, es seco, puntiagudo y salado. Y los hombres carecen de imaginación; no hacen más que repetir lo que se les dice... En mi tierra tenía una flor: hablaba siempre la primera... "

# XX

Pero sucedió que el principito, habiendo atravesado arenas, rocas y nieves, descubrió finalmente un camino. Y los caminos llevan siempre a la morada de los hombres.

—¡Buenos días! —dijo.

Era un jardín cuajado de rosas.

—¡Buenos días! —dijeran las rosas.

El principito las miró. ¡Todas se parecían tanto a su flor!

—¿Quiénes son ustedes? —les preguntó estupefacto.

—Somos las rosas —respondieron éstas.

—¡Ah! —exclamó el principito.

Y se sintió muy desgraciado. Su flor le había dicho que era la única de su especie en todo el universo. ¡Y ahora tenía ante sus ojos más de cinco mil todas semejantes, en un solo jardín!

Si ella viese todo es to, se decía el principito, se sentiría vejada, tosería muchísimo y simularía morir para escapar al ridículo. Y yo tendría que fingirle cuidados, pues sería capaz de dejarse morir verdaderamente para humillarme a mí también... "

Y luego continuó diciéndose: "Me creía rico con una flor única y resulta que no tengo más que una rosa ordinaria. Eso y mis tres volcanes que apenas me llegan a la rodilla y uno de los cuales acaso esté extinguido para siempre. Realmente no soy un gran príncipe... " Y echándose sobre la hierba, el principito lloró.

# XXI

Entonces apareció el zorro:

—¡Buenos días! —dijo el zorro.

—¡Buenos días! —respondió cortésmente el principito que se volvió, pero no vio nada.

—Estoy aquí, bajo el manzano —dijo la voz.

—¿Quién eres tú? —preguntó el principito—. ¡Qué bonito eres!

—Soy un zorro —dijo el zorro.

—Ven a jugar conmigo —le propuso el principito—, ¡estoy tan triste!

—No puedo jugar contigo —dijo el zorro—, no estoy domesticado.

—¡Ah, perdón! —dijo el principito.

Pero después de una breve reflexión, añadió:

—¿Qué significa "domesticar"?

—Tú no eres de aquí —dijo el zorro— ¿qué buscas?

—Busco a los hombres —le respondió el principito—. ¿Qué significa "domesticar"?

—Los hombres —dijo el zorro— tienen escopetas y cazan. ¡Es muy molesto! Pero también crían gallinas. Es lo único que les interesa. ¿Tú buscas gallinas?

—No —dijo el principito—. Busco amigos. ¿Qué significa "domesticar"? —volvió a preguntar el principito.

—Es una cosa ya olvidada —dijo el zorro—, significa "crear vínculos... "

—¿Crear vínculos?

—Efectivamente, verás —dijo el zorro—. Tú no eres para mí todavía más que un muchachito igual a otros cien mil muchachitos y no te necesito para nada. Tampoco tú tienes necesidad de mí y no soy para ti más que un zorro entre otros cien mil zorros semejantes. Pero si tú me domesticas, entonces tendremos necesidad el uno del otro. Tú serás para mí único en el mundo, yo seré para ti único en el mundo...

—Comienzo a comprender —dijo el principito—. Hay una flor... creo que ella me ha domesticado...

—Es posible —concedió el zorro—, en la Tierra se ven todo tipo de cosas.

—¡Oh, no es en la Tierra! —exclamó el principito. El zorro pareció intrigado:

—¿En otro planeta?

—Sí.

—¿Hay cazadores en ese planeta?

—No.

—¡Qué interesante! ¿Y gallinas?

—No.

—Nada es perfecto —suspiró el zorro. Y después volviendo a su idea:

—Mi vida es muy monótona. Cazo gallinas y los hombres me cazan a mí. Todas las gallinas se parecen y todos los hombres son iguales; por consiguiente, me aburro un poco. Si tú me domésticas, mi vida estará llena de sol. Conoceré el rumor de unos pasos diferentes a todos los demás. Los otros pasos me hacen esconder bajo la tierra; los tuyos me llamarán fuera de la madriguera como una música. Y además, ¡mira! ¿Ves allá abajo los campos de trigo? Yo no como pan y por lo tanto el trigo es para mí algo inútil. Los campos de trigo no me recuerdan nada y eso me pone triste. ¡Pero tú tienes los cabellos dorados y será algo maravilloso cuando me domestiques! El trigo, que es dorado también, será un recuerdo de ti. Y amaré el ruido del viento en el trigo.

El zorro se calló y miró un buen rato al principito:

—Por favor... domestícame —le dijo.

—Bien quisiera —le respondió el principito, pero no tengo mucho tiempo. He de buscar amigos y conocer muchas cosas.

—Sólo se conocen bien las cosas que se domestican —dijo el zorro—. Los hombres ya no tienen tiempo de conocer nada. Lo compran todo hecho en las tiendas. Y como no hay tiendas donde vendan amigos, los hombres no tienen ya amigos. ¡Si quieres un amigo, domestícame!

—¿Qué debo hacer? —preguntó el principito.

—Debes tener mucha paciencia —respondió el zorro—. Te sentarás al principio un poco lejos de mí, así, en el suelo; yo te miraré con el rabillo del ojo y tú no me dirás nada. El lenguaje es fuente de malos entendidos. Pero cada día podrás sentarte un poco más cerca...

El principito volvió al día siguiente.

—Hubiera sido mejor —dijo el zorro— que vinieras a la misma hora. Si vienes, por ejemplo, a las cuatro de la tarde; desde las tres yo empezaría a ser dichoso. Cuanto más avance la hora, más feliz me sentiré. A las cuatro me sentiré agitado e inquieto, descubriré así lo que vale la felicidad. Pero si tú vienes a cualquier hora, nunca sabré cuándo preparar mi corazón... Los ritos son necesarios.

—¿Qué es un rito? —inquirió el principito.

—Es también algo demasiado olvidado —dijo el zorro—. Es lo que hace que un día no se parezca a otro día y que una hora sea diferente a otra. Entre los cazadores, por ejemplo, hay un rito. Los jueves bailan con las muchachas del pueblo. Los jueves entonces son días maravillosos en los que puedo ir de paseo hasta la viña. Si los cazadores no bailaran en día fijo, todos los días se parecerían y yo no tendría vacaciones.

De esta manera el principito domesticó al zorro. Y cuando se fue acercando el día de la partida:

—¡Ah! —dijo el zorro—, lloraré.

—Tuya es la culpa —le dijo el principito—, yo no quería hacerte daño, pero tú has querido que te domestique...

—Ciertamente —dijo el zorro.

—¡Y vas a llorar!, —dijo él principito.

—¡Seguro!

—No ganas nada.

—Gano —dijo el zorro— he ganado a causa del color del trigo. Y luego añadió:

—Vete a ver las rosas; comprenderás que la tuya es única en el mundo. Volverás a decirme adiós y yo te regalaré un secreto.

El principito se fue a ver las rosas a las que dijo:

—No son nada, ni en nada se parecen a mi rosa. Nadie las ha domesticado ni ustedes han domesticado a nadie. Son como el zorro era antes, que en nada se diferenciaba de otros cien mil zorros. Pero yo le hice mi amigo y ahora es único en el mundo.

Las rosas se sentían molestas oyendo al principito, que continuó diciéndoles:

—Son muy bellas, pero están vacías y nadie daría la vida por ustedes. Cualquiera que las vea podrá creer indudablemente que mí rosa es igual que cualquiera de ustedes. Pero ella se sabe más importante que todas, porque yo la he regado, porque ha sido a ella a la que abrigué con el fanal, porque yo le maté los gusanos (salvo dos o tres que se hicieron mariposas) y es a ella a la que yo he oído quejarse, alabarse y algunas veces hasta callarse. Porque es mi rosa, en fin.

Y volvió con el zorro.

—Adiós —le dijo.

—Adiós —dijo el zorro—. He aquí mi secreto, que no puede ser más simple: sólo con el corazón se puede ver bien; lo esencial es invisible para los ojos.

—Lo esencial es invisible para los ojos —repitió el principito para acordarse.

—Lo que hace más importante a tu rosa, es el tiempo que tú has perdido con ella.

—Es el tiempo que yo he perdido con ella... —repitió el principito para recordarlo.

—Los hombres han olvidado esta verdad —dijo el zorro—, pero tú no debes olvidarla. Eres responsable para siempre de lo que has domesticado. Tú eres responsable de tu rosa...

—Yo soy responsable de mi rosa... —repitió el principito a fin de recordarlo.

# XXII

—¡Buenos días! —dijo el principito.

—¡Buenos días! —respondió el guardavía.

—¿Qué haces aquí? —le preguntó el principito.

—Formo con los viajeros paquetes de mil y despacho los trenes que los llevan, ya a la derecha, ya a la izquierda.

Y un tren rápido iluminado, rugiendo como el trueno, hizo temblar la caseta del guardavía.

—Tienen mucha prisa —dijo el principito—. ¿Qué buscan?

—Ni siquiera el conductor de la locomotora lo sabe —dijo el guardavía. Un segundo rápido iluminado rugió en sentido inverso.

—¿Ya vuelve? —preguntó el principito.

—No son los mismos —contestó el guardavía—. Es un cambio.

—¿No se sentían contentos donde estaban?

—Nunca se siente uno contento donde está —respondió el guardavía. Y rugió el trueno de un tercer rápido iluminado.

—¿Van persiguiendo a los primeros viajeros? —preguntó el principito.

—No persiguen absolutamente nada —le dijo el guardavía—; duermen o bostezan allí dentro.

Únicamente los niños aplastan su nariz contra los vidrios.

—Únicamente los niños saben lo que buscan —dijo el principito. Pierden el tiempo con una muñeca de trapo que viene a ser lo más importante para ellos y si se la quitan, lloran...

—¡Qué suerte tienen! —dijo el guardavía.

## XXIII

— ¡Buenos días! — dijo el principito.

— ¡Buenos días! — respondió el comerciante.

Era un comerciante de píldoras perfeccionadas que quitan la sed. Se toma una por semana y ya no se sienten ganas de beber.

— ¿Por qué vendes eso? — preguntó el principito.

— Porque con esto se economiza mucho tiempo. Según el cálculo hecho por los expertos, se ahorran cincuenta y tres minutos por semana.

— ¿Y qué se hace con esos cincuenta y tres minutos?

— Lo que cada uno quiere... "

"Si yo dispusiera de cincuenta y tres minutos — pensó el principito— caminaría suavemente hacia una fuente..."

# XXIV

Era el octavo día de mi avería en el desierto y había escuchado la historia del comerciante bebiendo la última gota de mi provisión de agua.

—¡Ah —le dije al principito—, son muy bonitos tus cuentos, pero yo no he reparado mi avión, no tengo nada para beber y sería muy feliz si pudiera irme muy tranquilo en busca de una fuente!

—Mi amigo el zorro..., me dijo...

—No se trata ahora del zorro, muchachito...

—¿Por qué?

—Porque nos vamos a morir de sed... No comprendió mi razonamiento y replicó:

—Es bueno haber tenido un amigo, aún si vamos a morir. Yo estoy muy contento de haber tenido un amigo zorro.

"Es incapaz de medir el peligro —me dije— Nunca tiene hambre ni sed y un poco de sol le basta..."

El principito me miró y respondió a mi pensamiento:

—Tengo sed también... vamos a buscar un pozo. ...

Tuve un gesto de cansancio; es absurdo buscar un pozo, al azar, en la inmensidad del desierto.

Sin embargo, nos pusimos en marcha.

Después de dos horas de caminar en silencio, cayó la noche y las estrellas comenzaron a brillar. Yo las veía como en sueño, pues a causa de la sed tenía un poco de fiebre. Las palabras del principito danzaban en mi mente.

—¿Tienes sed, tú también? —le pregunté. Pero no respondió a mi pregunta, diciéndome simplemente:

—El agua puede ser buena también para el corazón...

No comprendí sus palabras, pero me callé; sabía muy bien que no había que interrogarlo.

El principito estaba cansado y se sentó; yo me senté a su lado y después de un silencio me dijo:

—Las estrellas son hermosas, por una flor que no se ve...

Respondí "seguramente" y miré sin hablar los pliegues que la arena formaba bajo la luna.

—El desierto es bello —añadió el principito.

Era verdad; siempre me ha gustado el desierto. Puede uno sentarse en una duna, nada se ve, nada se oye y sin embargo, algo resplandece en el silencio...

—Lo que más embellece al desierto —dijo el principito— es el pozo que oculta en algún sitio...

Me quedé sorprendido al comprender súbitamente ese misterioso resplandor de la arena. Cuando yo era niño vivía en una casa antigua en la que, según la leyenda, había un tesoro escondido. Sin duda que nadie supo jamás descubrirlo y quizás nadie lo buscó, pero parecía toda encantada por ese tesoro. Mi casa ocultaba un secreto en el fondo de su corazón...

—Sí —le dije al principito— ya se trate de la casa, de las estrellas o del desierto, lo que les embellece es invisible.

—Me gusta —dijo el principito— que estés de acuerdo con mi zorro.

Como el principito se dormía, lo tomé en mis brazos y me puse nuevamente en camino. Me sentía emocionado llevando aquel frágil tesoro, y me parecía que nada más frágil había sobre la Tierra. Miraba a la luz de la luna aquella frente pálida, aquellos ojos cerrados, los cabellos agitados por el viento y me decía: "lo que veo es sólo la corteza; lo más importante es invisible... "

Como sus labios entreabiertos esbozaron una sonrisa, me dije: "Lo que más me emociona de este principito dormido es su fidelidad a una flor, es la imagen de la rosa que resplandece en él como la llama de una lámpara, incluso cuando duerme... " Y lo sentí más frágil aún. Pensaba que a las lámparas hay que protegerlas: una racha de viento puede apagarlas...

Continué caminando y al rayar el alba descubrí el pozo.

# XXV

—Los hombres —dijo el principito— se meten en los rápidos, pero no saben dónde van ni lo que quieren. . . Entonces se agitan y dan vueltas...

Y añadió:

—¡No vale la pena!...

El pozo que habíamos encontrado no se parecía en nada a los pozos saharianos. Estos pozos son simples agujeros que se abren en la arena. El que teníamos ante nosotros parecía el pozo de un pueblo; pero por allí no había ningún pueblo y me parecía estar soñando.

—¡Es extraño! —le dije al principito—. Todo está a punto: la roldana, el balde y la cuerda...

Se rio y tocó la cuerda; hizo mover la roldana. Y la roldana gimió como una vieja veleta cuando el viento ha dormido mucho.

—¿Oyes? —dijo el principito—. Hemos despertado al pozo y canta. No quería que el principito hiciera el menor esfuerzo y le dije:

—Déjame a mí, es demasiado pesado para ti.

Lentamente subí el cubo hasta el brocal donde lo dejé bien seguro. En mis oídos sonaba aún el canto de la roldana y veía temblar al sol en el agua agitada.

—Tengo sed de esta agua —dijo el principito—, dame de beber...

¡Comprendí entonces lo que él había buscado!

Levanté el balde hasta sus labios y el principito bebió con los ojos cerrados. Todo era bello como una fiesta. Aquella agua era algo más que un alimento. Había nacido del caminar bajo las estrellas, del canto de la roldana, del esfuerzo de mis brazos. Era como un regalo para el corazón. Cuando yo era niño, las luces del árbol de Navidad, la música de la misa de medianoche, la dulzura de las sonrisas, daban su resplandor a mi regalo de Navidad.

—Los hombres de tu tierra —dijo el principito— cultivan cinco mil rosas en un jardín y no encuentran lo que buscan.

—No lo encuentran nunca —le respondí. —Y sin embargo, lo que buscan podrían encontrarlo en una sola rosa o en un poco de agua...

—Sin duda, respondí. Y el principito añadió:

—Pero los ojos son ciegos. Hay que buscar con el corazón.

Yo había bebido y me encontraba bien. La arena, al alba, era color de miel, del que gozaba hasta sentirme dichoso. ¿Por qué había de sentirme triste?

—Es necesario que cumplas tu promesa —dijo dulcemente el principito que nuevamente se había sentado junto a mí.

—¿Qué promesa?

—Ya sabes... el bozal para mi cordero... soy responsable de mi flor.

Saqué del bolsillo mis esbozos de dibujo. El principito los miró y dijo riendo:

—Tus baobabs parecen repollos...

—¡Oh! ¡Y yo que estaba tan orgulloso de mis baobabs!

—Tu zorro tiene orejas que parecen cuernos; son demasiado largas. Y volvió a reír.

—Eres injusto, muchachito; yo no sabía dibujar más que boas cerradas y boas abiertas.

—¡Oh, todo se arreglará! —dijo el principito—. Los niños entienden. Bosquejé, pues, un bozal y se lo alargué con el corazón oprimido:

—Tú tienes proyectos que yo ignoro...

Pero no me respondió.

—¿Sabes? —me dijo—. Mañana hace un año de mi caída en la Tierra... Y después de un silencio, añadió:

—Caí muy cerca de aquí...

El principito se sonrojó y nuevamente, sin comprender por qué, experimenté una extraña tristeza. Sin embargo, se me ocurrió preguntar:

—Entonces no te encontré por azar hace ocho días, cuando paseabas por estos lugares, a mil millas de distancia del lugar habitado más próximo. ¿Es que volvías al punto de tu caída?

El principito enrojeció nuevamente. Y añadí vacilante.

—¿Quizás por el aniversario?

El principito se ruborizó una vez más. Aunque nunca respondía a las preguntas, su rubor significaba una respuesta afirmativa.

—¡Ah! —le dije— tengo miedo. Pero él me respondió:

—Tú debes trabajar ahora; vuelve, pues, junto a tu máquina, que yo te espero aquí. Vuelve mañana por la tarde.

Pero yo no estaba tranquilo y me acordaba del zorro. Si se deja uno domesticar, se expone a llorar un poco...

# XXVI

Al lado del pozo había una ruina de un viejo muro de piedras. Cuando volví de mi trabajo al día siguiente por la tarde, vi desde lejos al principito sentado en lo alto con las piernas colgando. Lo oí que hablaba.

—¿No te acuerdas? ¡N o es aquí con exactitud! Alguien le respondió sin duda, porque él replicó:

—¡Sí, sí; ¡es el día, pero no es este el lugar!

Proseguí mi marcha hacia el muro, pero no veía ni oía a nadie. Y, sin embargo, el principito replicó de nuevo.

—¡Claro! Ya verás dónde comienza mi huella en la arena. No tienes más que esperarme, que allí estaré yo esta noche.

Yo estaba a veinte metros y continuaba sin distinguir nada. El principito, despés de un silencio, dijo aún:

—¿Tienes un buen veneno? ¿Estás segura de no hacerme sufrir mucho? Me detuve con el corazón oprimido, siempre sin comprender.

—¡Ahora vete —dijo el principito—, quiero volver a bajarme!

Dirigí la mirada hacia el pie del muro e instintivamente di un brinco. Una serpiente de esas amarillas que matan a una persona en menos de treinta segundos, se erguía en dirección al principito. Echando mano al bolsillo para sacar mi revólver, apreté el paso, pero, al ruido que hice, la serpiente se dejó deslizar suavemente por la arena como un surtidor que muere, y, sin apresurarse demasiado, se escurrió entre las piedras con un ligero ruido metálico.

Llegué junto al muro a tiempo de recibir en mis brazos a mi principito, que estaba blanco como la nieve.

—¿Pero qué historia es ésta? ¿De charla también con las serpientes?

Le quité su eterna bufanda de oro, le humedecí las sienes y le di de beber, sin atreverme a

hacerle pregunta alguna. Me miró gravemente rodeándome el cuello con sus brazos. Sentí latir su corazón, como el de un pajarillo que muere a tiros de carabina.

—Me alegra —dijo el principito— que hayas encontrado lo que faltaba a tu máquina. Así podrás volver a tu tierra...

—¿Cómo lo sabes?

Precisamente venía a comunicarle que, a pesar de que no lo esperaba, había logrado terminar mi trabajo.

No respondió a mi pregunta, sino que añadió:

—También yo vuelvo hoy a mi planeta... Luego, con melancolía:

—Es mucho más lejos... y más difícil...

Me daba cuenta de que algo extraordinario pasaba en aquellos momentos. Estreché al principito entre mis brazos como si fuera un niño pequeño, y, no obstante, me pareció que descendía en picada hacia un abismo sin que fuera posible hacer nada para retenerlo.

Su mirada, seria, estaba perdida en la lejanía.

—Tengo tu cordero y la caja para el cordero. Y tengo también el bozal. Y sonreía melancólicamente.

Esperé un buen rato. Sentía que volvía a entrar en calor poco a poco:

—Has tenido miedo, muchachito...

Lo había tenido, sin duda, pero sonrió con dulzura:

—Esta noche voy a tener más miedo...

Me quedé de nuevo helado por un sentimiento de algo irreparable. Comprendí que no podía soportar la idea de no volver a oír nunca más su risa. Era para mí como una fuente en el desierto.

—Muchachito, quiero oír otra vez tu risa... Pero él me dijo:

—Esta noche hará un año. Mi estrella se encontrará precisamente encima del lugar donde caí el año pasado...

—¿No es cierto —le interrumpí— que toda esta historia de serpientes, de citas y de estrellas es tan sólo una pesadilla?

Pero el principito no respondió a mi pregunta y dijo:

—Lo más importante nunca se ve...

—Indudablemente...

—Es lo mismo que la flor. Si te gusta una flor que habita en una estrella, es muy dulce mirar al cielo por la noche. Todas las estrellas han florecido.

—Es indudable...

—Es como el agua. La que me diste a beber, gracias a la roldana y la cuerda, era como una música ¿te acuerdas? ¡Qué buena era!

—Sí, cierto...

—Por la noche mirarás las estrellas; mi casa es demasiado pequeña para que yo pueda señalarte dónde se encuentra. Así es mejor; mi estrella será para ti una cualquiera de ellas. Te gustará entonces mirar todas las estrellas. Todas ellas serán tus amigas. Y, además, te haré un regalo...

Y rió una vez más.

—¡Ah, muchachito, muchachito!, ¡cómo me gusta oír tu risa!

—Mi regalo será ése precisamente, será como el agua...

—¿Qué quieres decir?

La gente tiene estrellas que no son las mismas. Para los que viajan, las estrellas son guías; para otros sólo son pequeñas lucecitas. Para los sabios las estrellas son problemas. Para mi hombre de negocios, eran oro. Pero todas esas estrellas se callan. Tú tendrás estrellas como nadie ha tenido...

—¿Qué quieres decir? —Cuando por las noches mires al cielo, al pensar que en una de aquellas estrellas estoy yo riendo, será para ti como si todas las estrellas riesen. ¡Tú sólo tendrás estrellas que saben reír!

Y rió nuevamente.

—Cuando te hayas consolado (siempre se consuela uno) estarás contento de haberme conocido. Serás mi amigo y tendrás ganas de reír conmigo. Algunas veces abrirás tu ventana sólo por placer y tus amigos quedarán asombrados de verte reír mirando al cielo. Tú les explicarás: "Las estrellas me hacen reír siempre". Ellos te creerán loco. Y yo te habré jugado una mala pasada...

Y se rió otra vez.

—Será como si en vez de estrellas, te hubiese dado multitud de cascabelitos que saben reír... Una vez más dejó oír su risa y luego se puso serio.

—Esta noche ¿sabes? no vengas...

—No te dejaré.

—Pareceré enfermo... Parecerá un poco que me muero... es así. ¡No vale la pena que vengas a ver eso...!

—No te dejaré.

Pero estaba preocupado.

—Te digo esto por la serpiente; no debe morderte. Las serpientes son malas. A veces muerden por gusto...

—He dicho que no te dejaré. Pero algo lo tranquilizó.

—Bien es verdad que no tienen veneno para la segunda mordedura...

Aquella noche no lo vi ponerse en camino. Cuando le alcancé marchaba con paso rápido y decidido y me dijo solamente:

—¡Ah, estás ahí!

Me cogió de la mano y todavía se atormentó:

—Has hecho mal. Tendrás pena. Parecerá que estoy muerto, pero no es verdad. Yo me callaba.

—¿Comprendes? Es demasiado lejos y no puedo llevar este cuerpo que pesa demasiado. Seguí callado.

—Será como una corteza vieja que se abandona. No son nada tristes las viejas cortezas... Yo me callaba. El principito perdió un poco de ánimo. Pero hizo un esfuerzo y dijo:

—Será agradable ¿sabes? Yo miraré también las estrellas. Todas serán pozos con roldana herrumbrosa. Todas las estrellas me darán de beber.

Yo me callaba.

—¡Será tan divertido! Tú tendrás quinientos millones de cascabeles y yo quinientos millones de fuentes...

El principito se calló también; estaba llorando.

—Es allí; déjame ir solo.

Se sentó porque tenía miedo. Dijo aún:

—¿Sabes?... mi flor... soy responsable... ¡y ella es tan débil y tan inocente! Sólo tiene cuatro espinas para defenderse contra todo el mundo...

Me senté, ya no podía mantenerme en pie.

—Ahí está... eso es todo...

Vaciló todavía un instante, luego se levantó y dio un paso. Yo no pude moverme.

Un relámpago amarillo centelleó en su tobillo. Quedó un instante inmóvil, sin exhalar un grito.

Luego cayó lentamente como cae un árbol, sin hacer el menor ruido a causa de la arena.

## XXVII

Ahora hace ya seis años de esto. Jamás he contado esta historia y los compañeros que me vuelven a ver se alegran de encontrarme vivo. Estaba triste, pero yo les decía: "Es el cansancio".

Al correr del tiempo me he consolado un poco, pero no completamente. Sé que ha vuelto a su planeta, pues al amanecer no encontré su cuerpo, que no era en realidad tan pesado... Y me gusta por la noche escuchar a las estrellas, que suenan como quinientos millones de cascabeles...

Pero sucede algo extraordinario. Al bozal que dibujé para el principito se me olvidó añadirle la correa de cuero; no habrá podido atárselo al cordero. Entonces me pregunto: "¿Qué habrá sucedido en su planeta? Quizás el cordero se ha comido la flor..."

A veces me digo: "¡Seguro que no! El principito cubre la flor con su fanal todas las noches y vigila a su cordero". Entonces me siento dichoso y todas las estrellas ríen dulcemente.

Pero otras veces pienso: "Alguna que otra vez se distrae uno y eso basta. Si una noche ha olvidado poner el fanal o el cordero ha salido sin hacer ruido, durante la noche...". Y entonces los cascabeles se convierten en lágrimas...

Y ahí está el gran misterio. Para ustedes que quieren al principito, lo mismo que para mí, nada en el universo habrá cambiado si en cualquier parte, quién sabe dónde, un cordero desconocido se ha comido o no se ha comido una rosa...

Pero miren al cielo y pregúntense: el cordero ¿se ha comido la flor? Y veréis cómo todo cambia...

¡Ninguna persona mayor comprenderá jamás que esto sea verdaderamente importante!

Este es para mí el paisaje más hermoso y el más triste del mundo. Es el mismo paisaje de la página anterior que he dibujado una vez más para que lo vean bien. Fue aquí donde el principito apareció sobre la Tierra, desapareciendo luego.

Examínenlo atentamente para que sepan reconocerlo, si algún día, viajando por África cruzan el desierto. Si por casualidad pasan por allí, no se apresuren, se los ruego, y deténganse un poco, precisamente bajo la estrella. Si un niño llega hasta ustedes, si este niño ríe y tiene cabellos de oro y nunca responde a sus preguntas, adivinarán en seguida quién es. ¡Sean amables con él! Y comuníquenme rápidamente que ha regresado. ¡No me dejen tan triste!

## FIN

Made in the USA
Monee, IL
25 November 2021

83006505R00031